KLARTEXT

Gerhard Launer

BREMEN & BREMERHAVEN
VON OBEN

Die schönsten Luftbilder der Städte

GERHARD LAUNER,
Jahrgang 1949, wollte eigentlich Musiker werden. Doch aufgrund eines Unfalls musste er dieses Ziel aufgeben und wurde stattdessen Diplom-Grafikdesigner. Bereits während des Studiums erlangte er die Privatpilotenlizenz und später die Berufspilotenlizenz. Als Luftbildfotograf verbindet Gerhard Launer seine Interessen Fotografie und Fliegen. Mittlerweile hat er nahezu jede Stadt, jede Ortschaft und jede Sehenswürdigkeit in Deutschland fotografiert. Jedes seiner Bilder bietet neue Entdeckungen von oben, macht Landschaften zu Gemälden und zeigt ihre besonderen Strukturen und Charakteristika.

www.wfl-gmbh.de

Bibliografische Information der Deutschen Nationalbibliothek
Die Deutsche Nationalbibliothek verzeichnet diese Publikation in der Deutschen Nationalbibliografie; detaillierte bibliografische Daten sind im Internet über http://dnb.dnb.de abrufbar.

IMPRESSUM

1. Auflage September 2020
Satz und Gestaltung: Ina Zimmermann
Umschlagfotos: Gerhard Launer
Umschlaggestaltung: Ina Zimmermann
Druck und Bindung: Griebsch & Rochol Druck GmbH, Gabelsbergerstraße 1, 59069 Hamm

ISBN 978-3-8375-2337-9

KLARTEXT
Jakob Funke Medien Beteiligungs GmbH & Co. KG
Jakob-Funke-Platz 1, 45127 Essen
info@klartext-verlag.de, www.klartext-verlag.de

INHALT

VORWORT

Gerhard Launers beeindruckende Luftaufnahmen nehmen den Betrachter mit auf eine spannende Reise durch Bremen und Bremerhaven. Atemberaubende Ausblicke bieten völlig neue Perspektiven und laden dazu ein, die Städte auf eine einzigartige Weise kennenzulernen.

Aus der Vogelperspektive präsentiert der sorgfältig komponierte Bildband Städtearchitekturen und Landschaftsformen in ihrer ganzen Vielseitigkeit und Schönheit. Ungeahnte Sichtweisen und nicht gekannte Blickwinkel, Panorama- und Momentaufnahmen vermitteln eine außergewöhnliche Weite, bisher nicht gekannte Details und ein Gefühl von Zeitlosigkeit.

Gerhard Launer gehört zu den renommiertesten Luftbildfotografen. Er verbindet seine Passion für das Fliegen mit seiner Leidenschaft für die Fotografie. Diese gilt den nur von oben sichtbaren Besonderheiten und Strukturen, die den Charakter der Städte und der sie umgebenden Landschaft besonders verdeutlichen. Launers künstlerische Fotos als Ausdruck seiner unverwechselbaren Bildsprache und seines ganz persönlichen Blicks ermöglichen einen Perspektivwechsel, der Lust darauf macht, die Städte Bremen und Bremerhaven auf jeder Seite neu zu erleben.

Achim Nöllenheidt

BREMEN

ANSICHTEN

Blick auf die Altstadt
und die Weser

MANUFACTUM

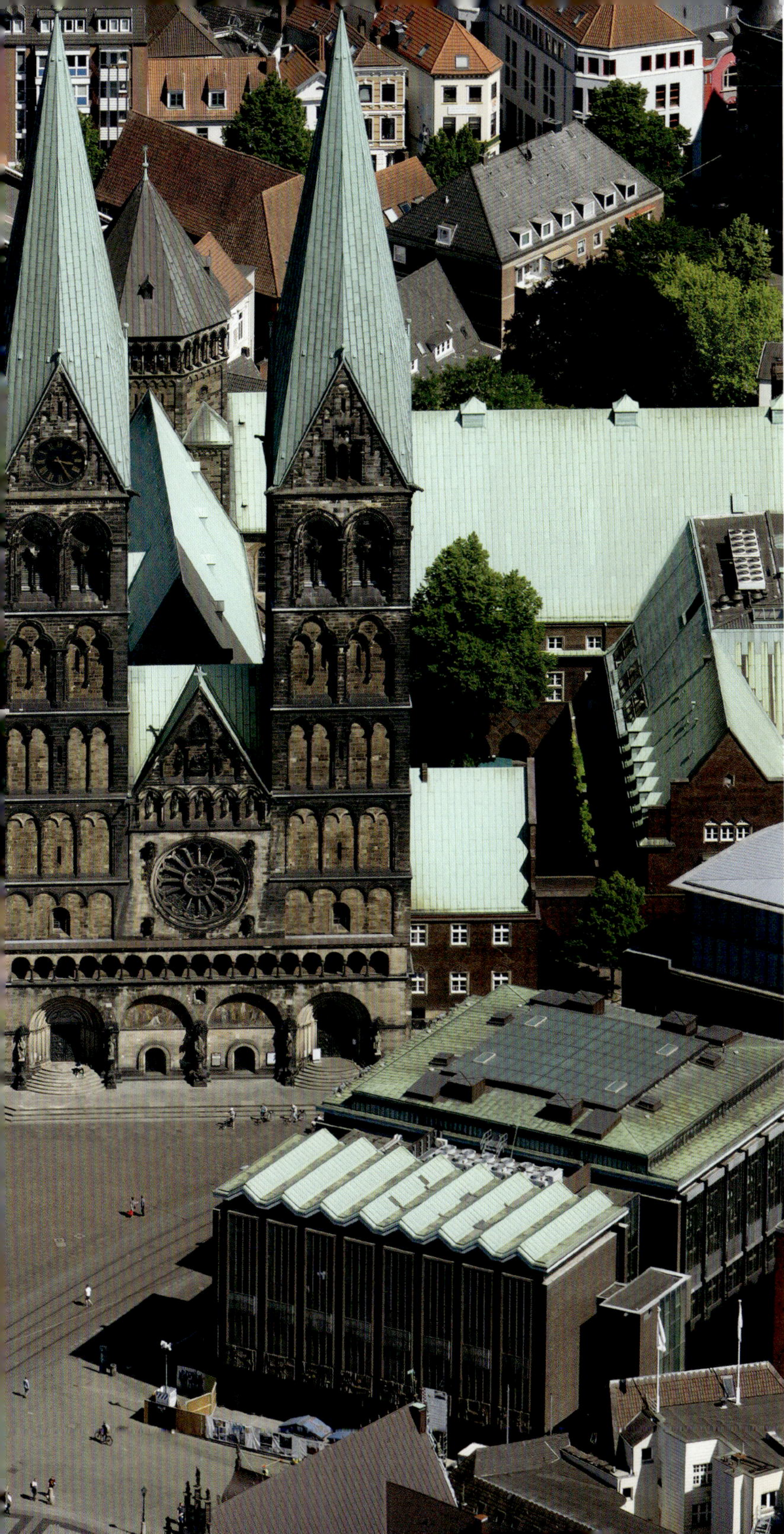

Bild nachfolgende Doppelseite:
die Altstadt mit
Stadtgraben und Wallanlagen

Rathaus und
St.-Petri-Dom

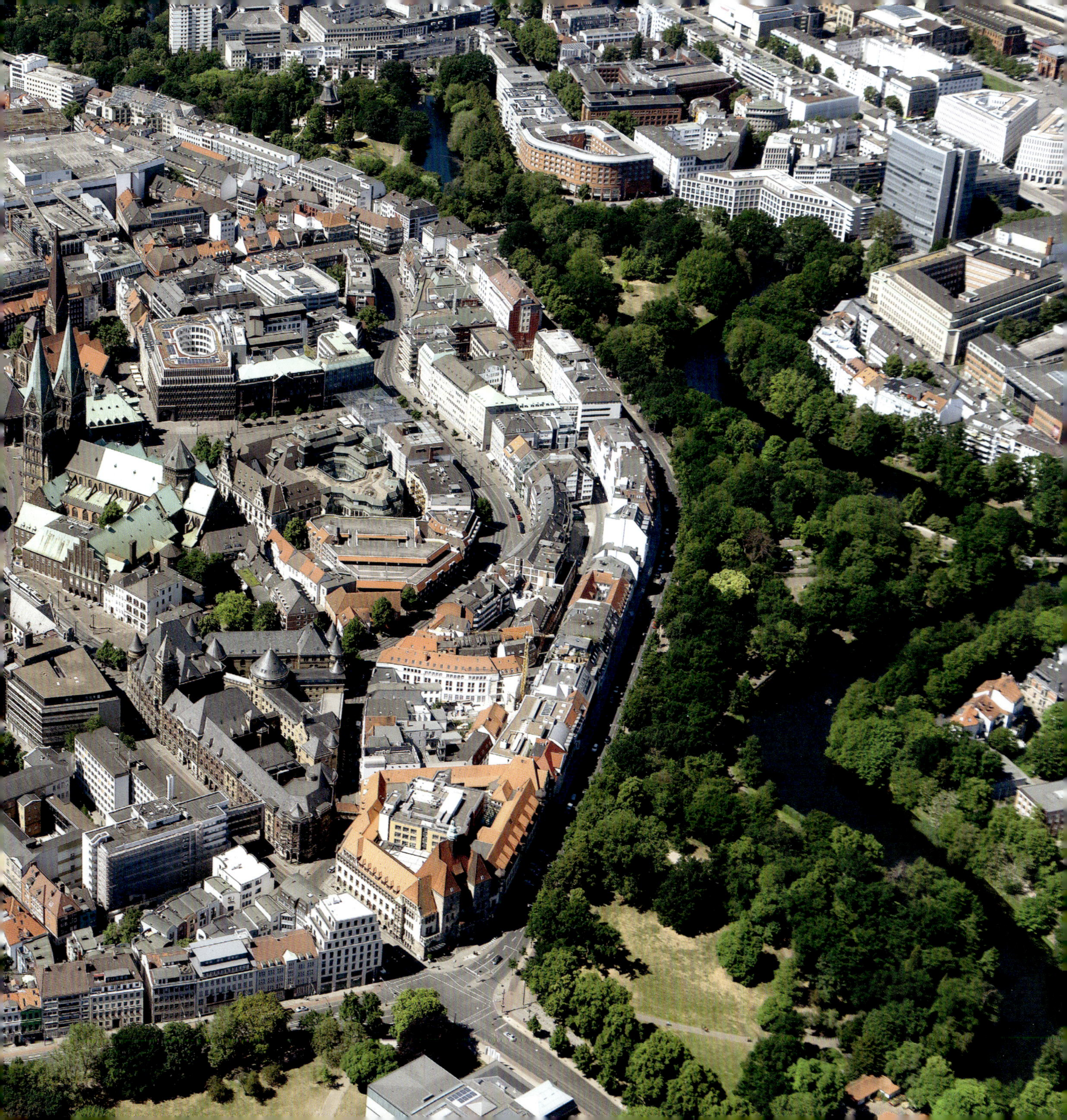

Der Rosengarten im
Rhododendron-Park

Beliebtes Parkareal am
Rande der Bremer Altstadt:
die Wallanlagen

Teerhof, Alte Neustadt I

Das Weserstadion des
SV Werder Bremen

Quirliges Altstadtviertel mit
engen Gassen: der Schnoor

TOURIST

Klappbrücke für Fußgänger
am Vegesacker Hafen

#LEAVE
NOONE
BEHIND

Feuchtwiesenlandschaft:
das Blockland an der Wümme

Einst das Areal von Schifffahrt und Verladestationen, heute ein neues, urbanes Viertel: die Überseestadt

Die Neue Weser im zum Bremer Stadtteil Obervieland gehörenden Ortsteil Habenhausen

IM & AM WASSER

Holzplattform im Achterdieksee

Sportparksee Grambke (oben);
Beachvolleyball am Weserstrand (links); Badesteg am Werdersee (rechts)

Weserstrand am Café Sand

Stadtwaldsee |

Kleine Inseln zwischen Weser und Hemelingersee (oben);
Sandstrand am Sodenmattsee

Wasserkraftwerk
Weserkraftwerk
Bremen

| Eisenbahnbrücke über die Weser im Stephaniviertel

Badestrand am
Achterdieksee

Paddelboote im Kuhgraben,
westliches Hollerland

GEDENKE
DER
BRÜDER,
DIE DAS
SCHICKSAL
UNSERER
TRENNUNG
TRAGEN!

STADTLEBEN

Bremer Marktplatz mit Rathaus, dem Bremer Roland und Giebelhäusern

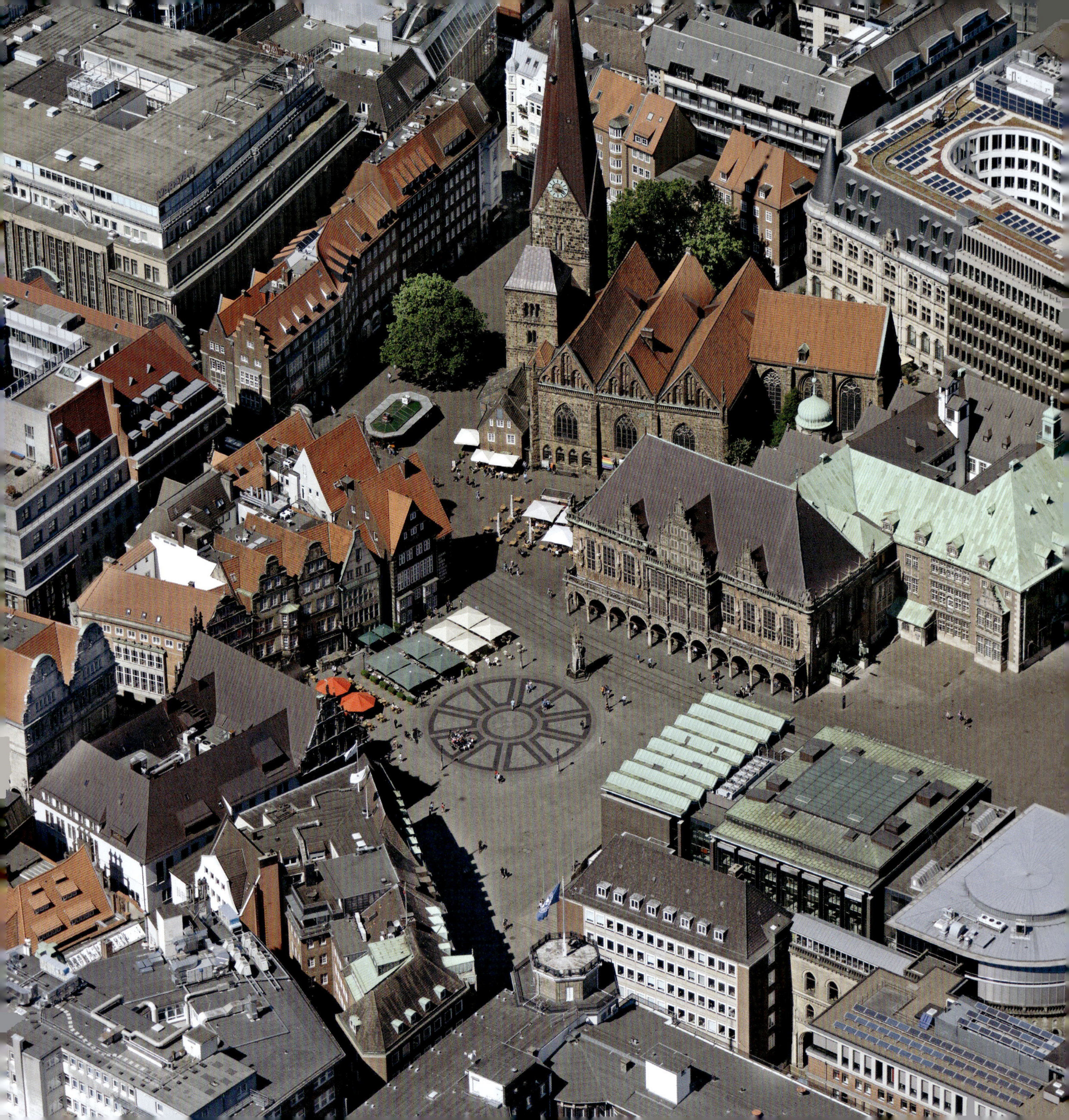

Marktplatz mit St. Petri Dom und Unser Lieben Frauen Kirche sowie Bürgerschaft und Schütting (links); Gastronomie auf dem Domshof

Landgericht Bremen (oben);
Am Domshoh

MANUFACTUM

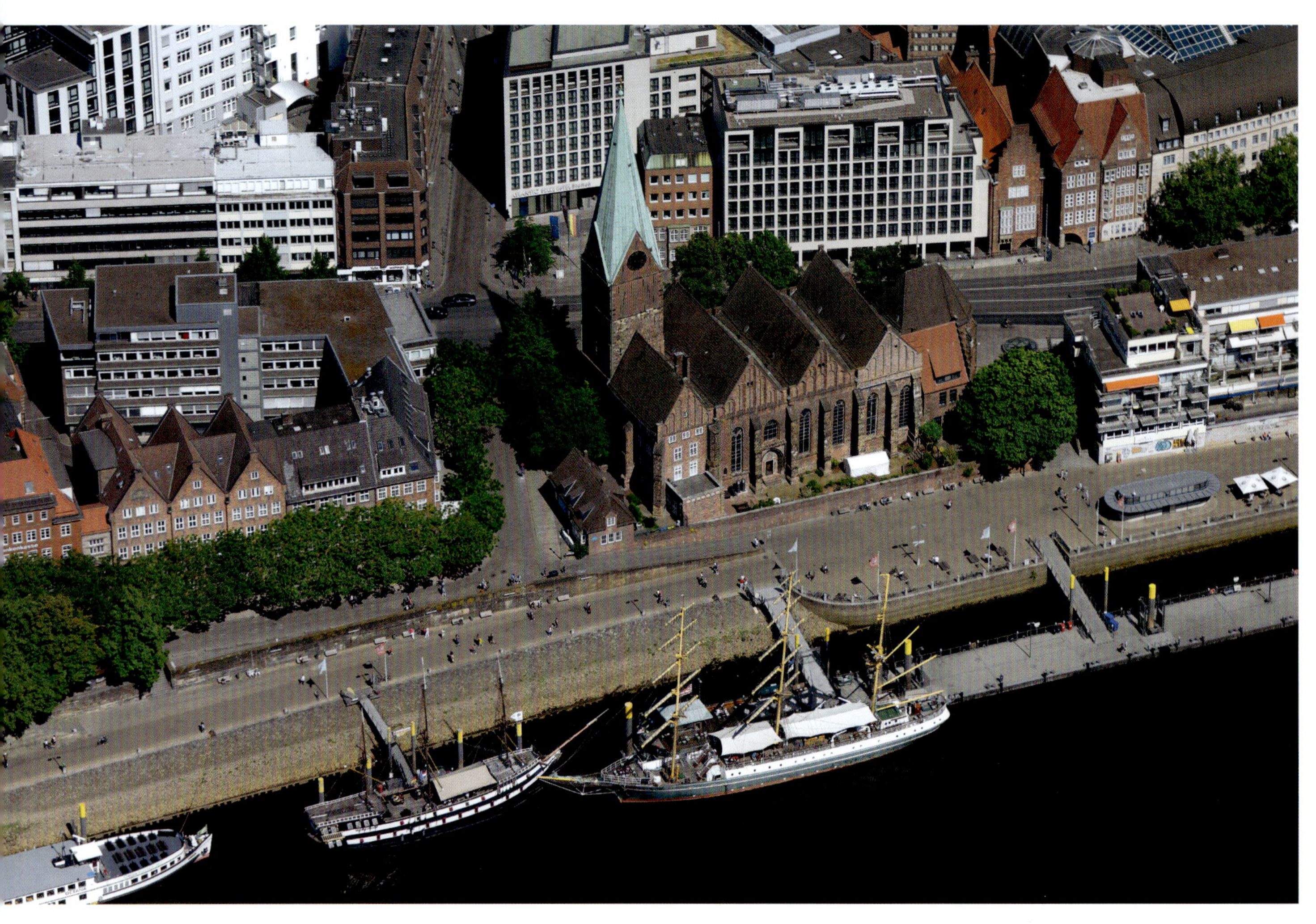

St.-Martini-Kirche in der Altstadt an der Weser (oben);
Kulturkirche St. Stephani

| Universum und Atlantic Hotel

Dorint

Bahnhofvorstadt und Hauptbahnhof (links);
Stellwerk Rangierbahnhof

Weserwehr (links);
Veranstaltungsschiff
„De Liefde“ (oben);
Molenfeuer Überseehafen
„Mäuseturm“

| Botanischer Garten

Übersee-Museum

Wilhelm Wagenfeld- und Gerhard-Marcks-Haus (links oben);
Weserburg Museum für moderne Kunst (links unten); Kunsthalle Bremen

Weser Tower an der Eduard-Schopf-Allee (oben);
Theater Am Goetheplatz

THEATER AM GOETHEPLATZ

Windmühle in Oberneuland (links oben); Parkhotel (links unten);
Meierei im Bürgerpark (rechts oben); Wasserturm auf dem Werder

| Stephaniviertel, Bremen

WOHNWELTEN

Solardächer Wohnanlage,
Stadtteil Ohlenhof

Wohnhäuser, Horn

Wohnanlage, Oslebshausen

| Villen am Osterdeich

| Wohnsiedlung, Tenever, Bremen

Wohnhaus neben dem Bremer Kontor |

I Neustadt, Südervorstadt

| Wohnhäuser im Westend

FORMEN & FARBEN

Hochhaus am Rande der Überseestadt
Bremens: der Weser Tower

| Dachparkplatz am Bremer Weserpark, Osterholz

| Oase im Weserpark, Osterholz,

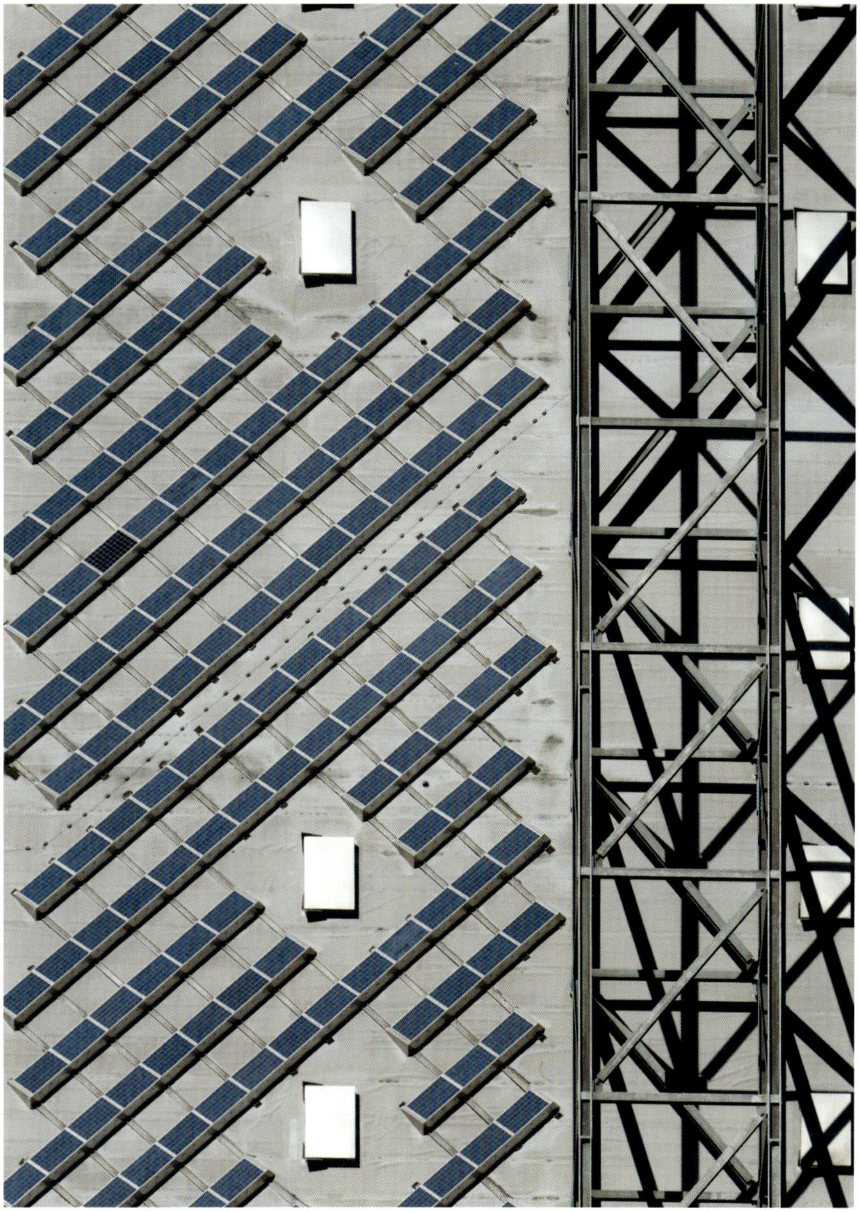

Parkplatz des REWE Centers,
Neue Vahr (links)

Dachlandschaft
der Messehallen

Einkaufscenter Waterfront (oben);
Skatepark im Überseepark

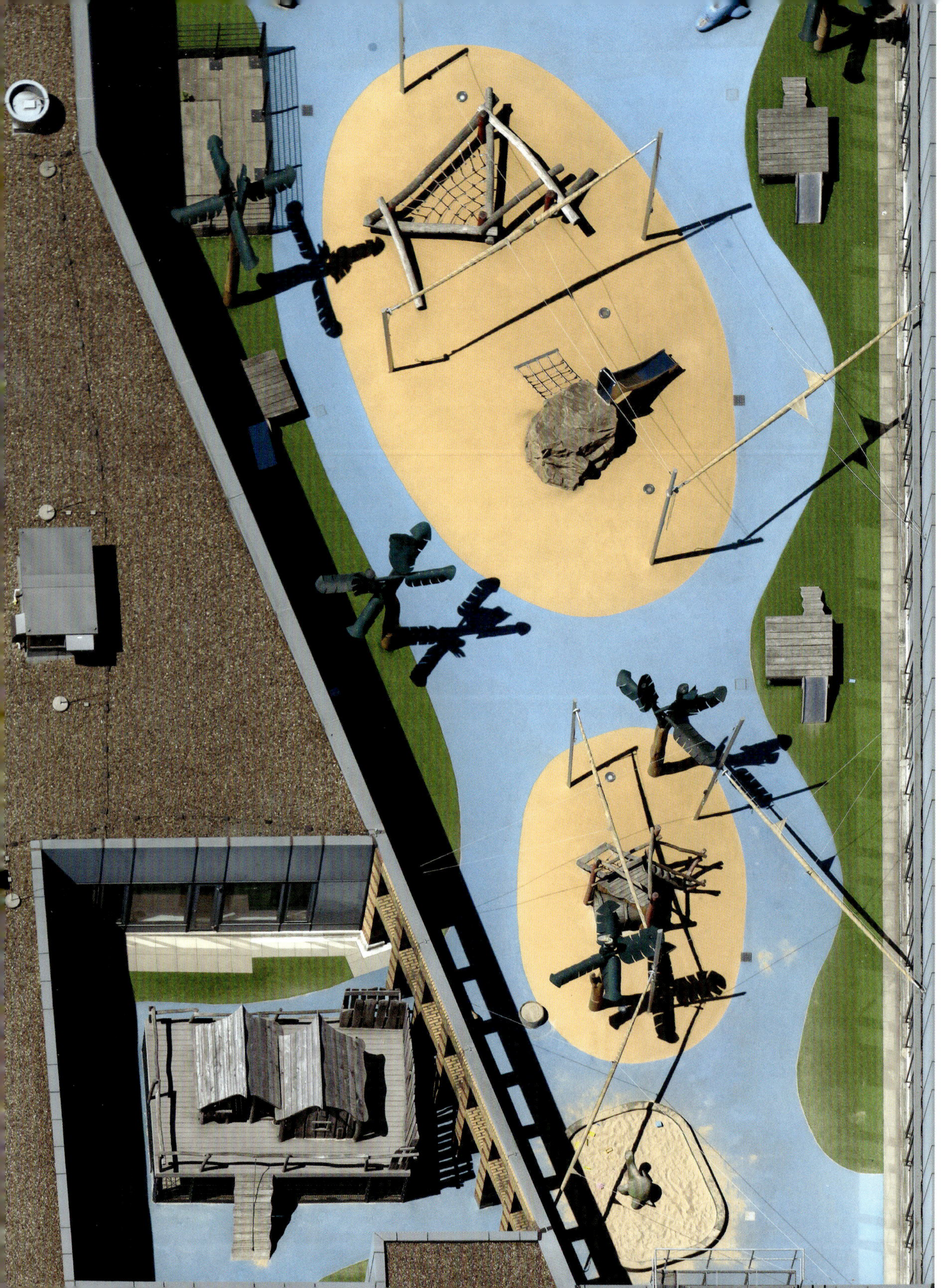

Dachlandschaft
McFIT Fitnessstudio
am Hauptbahnhof

| Forschungsflugzeug Polar 5, Flughafen

BREMERHAVEN

ANSICHTEN

Blick auf den Hafen |

| Neuer Hafen

Klimahaus,
Hotel Atlantic

Wohnhäuser an der
Lohmannstraße, Neuer Hafen

| Der über 106 Meter hohe Richtfunkturm, Bremerhaven-Mitte

Bürgermeister-Smidt-
Gedächtniskirche

Christuskirche
Geestemünde

Alfred-Wegener-Institut von Oswald Mathias Ungers (oben) und Erweiterungsbau von von Steidle & Partner

Willy-Brandt-Platz
mit Stadttheater

Zoo am Meer

Bild linke Seite: Bürgermeister-Smidt-Denkmal auf dem Theodor-Heuss-Platz

Kunst auf dem Willy-Brandt-Platz

Klimahaus, Atlantic Hotel,
Havenwelten

Das Deutsche
Schifffahrtsmuseum

| Spielplatz vor dem Zoo am Meer

Riesenrad am Klimahaus (oben);
Doppelschleuse mit Alfred-Wegener-Institut

AM WASSER & HAFEN

Weserzufluss und Wattstrukturen im Nationalpark
Niedersächsisches Wattenmeer bei Bremerhaven

| Schlepperpier

| Schleuse Neuer Hafen

Wohnhäuser am Geestebogen
und alte Geestebrücke

Watt-Insel Langlütjen 1 mit dem 52 Meter hohen Radarturm

Auto-Carrier im Kaiserhafen II

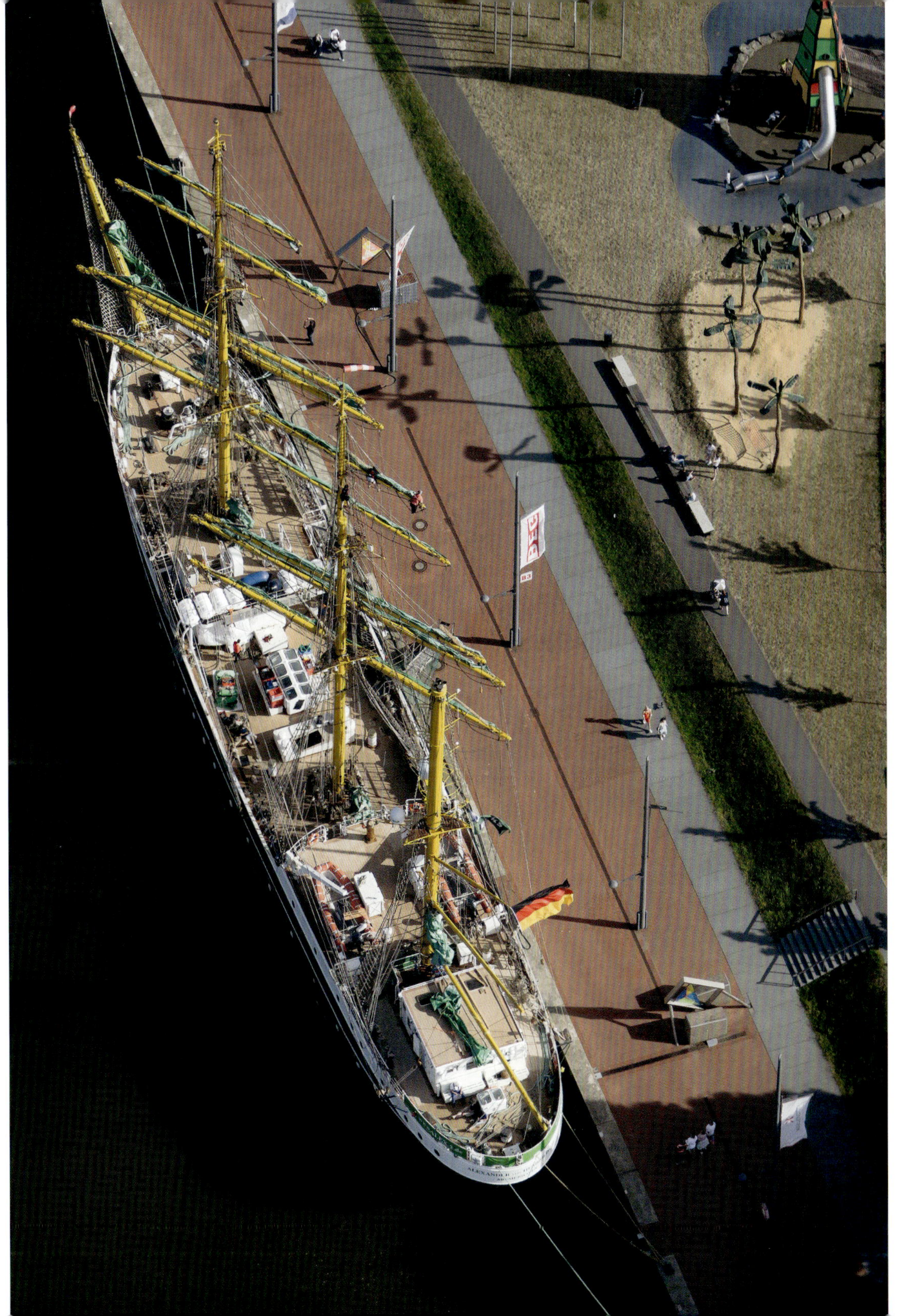

Segelschiff Alexander von Humbold II

Blick auf den Verbindungshafen und die Kaiserhäfen II und III

Kreuzfahrtschiff „Amadea“

Museumshafen

MAERSK LINE

Industriehafen |

I Containerterminal

Autoauslieferungslager
Überseehafengebiet

Bremerhaven
im Abendlicht

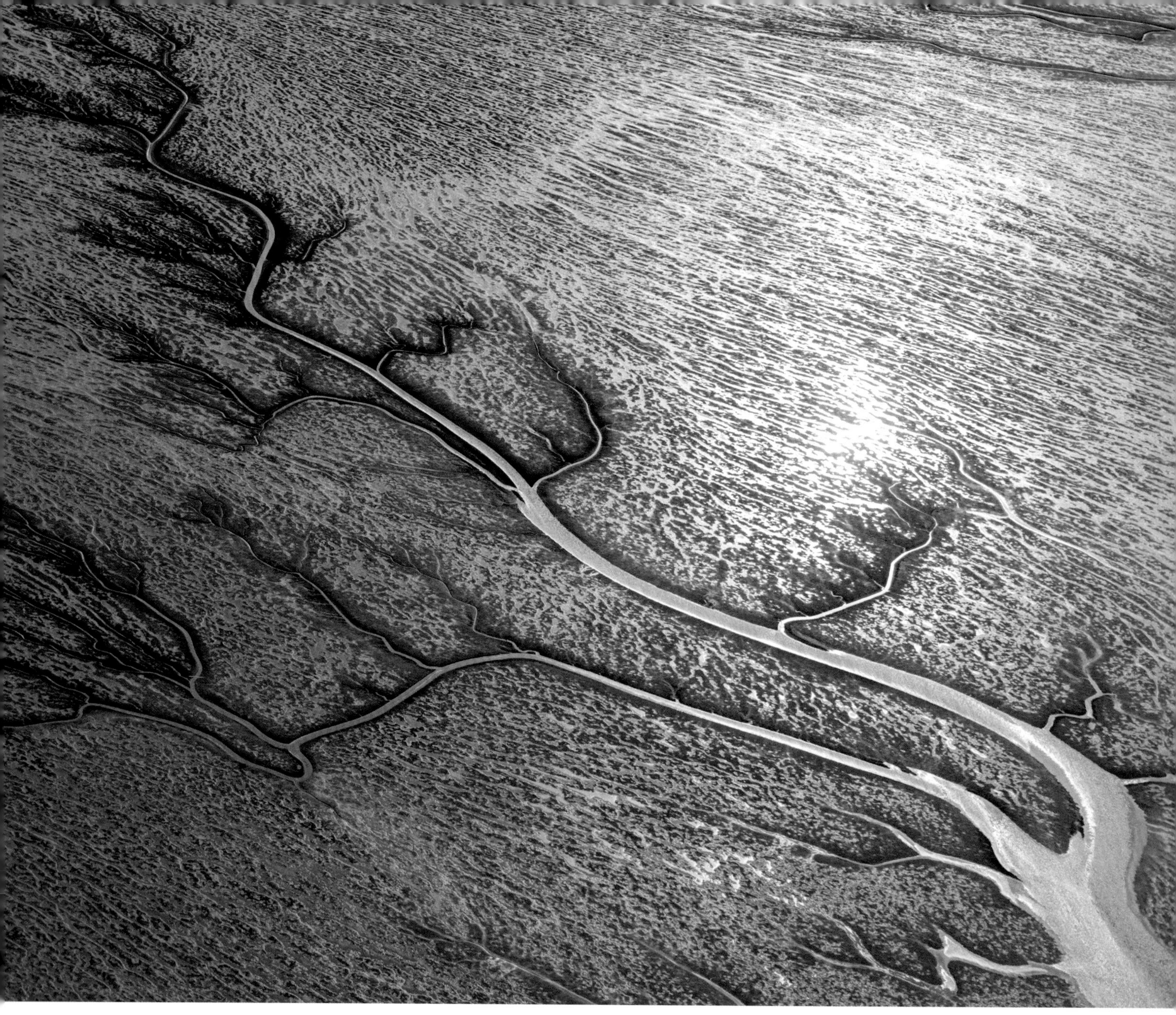

| Wattstrukturen in der Weser bei Schockumer Deich